59
홀로 남은 오디세우스

주니어RHK

신화의 가치

신화는 한 민족의 기원이나 역사적 · 종교적 · 문화적 삶의 모습을 보여 주는 옛이야기입니다. 주로 신과 영웅에 관한 이야기가 많고, 오랫동안 입에서 입으로 전해 내려왔다는 특징이 있지요.

우리가 살펴볼 그리스 로마 신화는 고대 그리스와 로마에 전해 오는 신화와 전설을 한데 묶은 것입니다. 그리스 로마 신화는 고대의 삶을 엿보게 해 주는 문화유산일 뿐만 아니라, 세계 여러 나라의 문학과 미술에 큰 영향을 끼쳤습니다. 하지만 문화적 가치만큼이나 중요한 것이 또 있습니다. 오래된 옛이야기이면서도 거기에 담긴 교훈적 가치가 오늘날에도 여전히 쓸모 있고 중요하다는 사실입니다.

놀랍지 않나요? 수천 년 전의 이야기가 어떻게 과학 문명이 고도로 발달한 오늘날에도 통하는 것일까요? 그것은 바로 그리스 로마 신화에 나오는 신과 영웅의 모습이 오늘날 우리의 모습과 다르지 않기 때문입니다. 신들도 우리처럼 분노하고, 질투하고, 실수를 하지요. 그런 모습을 보면서 우리는 깔깔 웃거나 눈물을 흘리고, 교훈과 감동을 얻습니다. 우리가 그리스 로마 신화를 읽어야 하는 까닭이 바로 이것입니다.

신화의 세계로 떠날 여러분에게 한마디 덧붙이자면, 신화는 우리에게 끝없는 상상력을 요구한다는 점입니다. 신화 속에는 수많은 은유와 상징이 곳곳에 널려 있지요. 따라서 신화를 읽을 때에는 상상력을 최대한 발휘하여 신화 속에 숨겨진 의미를 찾고, 그것을 자기 나름대로 재해석하는 과정이 필요합니다. 이렇게 읽었을 때에야 비로소 여러분 앞에 놀라운 삶의 이야기가 펼쳐질 것입니다.

자, 그럼 흥미진진한 신화의 세계 속으로 함께 떠나 볼까요?

키르케의 섬을 떠난 오디세우스.

하지만 고향으로 가는 길은 아직도 험난합니다.

노래를 불러 홀리는 세이렌과

머리 여섯 달린 괴물 스킬라가 이들을 습격합니다.

과연 오디세우스 일행은 온갖 고난을 물리칠 수 있을까요?

얼마나 더 가야 고향땅에 닿을까요?

주요 등장인물

스킬라

머리가 여섯 개나 달린 바다 괴물이에요.
심한 소용돌이를 일으켜 배를 꼼짝 못하게
한 뒤 사람들을 해치고 잡아먹어요.
원래 아름다운 여인이었으나
키르케의 마법에 걸려 괴물이 되었어요.

세이렌

바다의 님프로,
아름다운 노랫소리로
사람들을 홀려
바다에 빠뜨려 죽여요.

오디세우스

이타케 섬의 왕으로
트로이 전쟁의 영웅이에요.
전쟁이 끝나고 고향으로
돌아가는 바다에서
온갖 고생을 겪어요.
사려 깊고 현명해요.

에우리로코스

오디세우스의 아내 페넬로페의 오빠이자
오디세우스가 이끄는 군대의 부대장이에요.
트로이 전쟁 때부터 오디세우스 곁에 머물며
온갖 일을 함께 겪었어요. 대장 오디세우스를
믿고 따르며, 상황 판단이 빠르고 무척 신중해요.

1
다시 바다로

배는 걷잡을 수 없이 높은 파도에 힘없이 휩쓸렸습니다.

가랑잎처럼 흔들리던 배는 어딘지 모를 곳으로 떠내려갔습니다.

하늘은 구름 한 점 없이 맑고, 파도는 잔잔했습니다. 바닷바람이 살랑살랑 불어와 배를 알맞게 밀어 주었습니다. 배는 먼 바다로 나아갔습니다.

오디세우스는 에우리로코스와 함께 서서 눈앞에 끝도 없이 펼쳐진 바다를 바라보았습니다.

"이렇게만 나아간다면 금방이라도 고향에 닿을 텐데……."

"그러게 말입니다. 하지만 키르케가 말한 세이렌이라는 님프가 어디서 나타날지 모르니 걱정입니다."

"그래, 부하들에게 경계를 늦추지 말라고 단단히 일러두게."

에우리로코스는 조금이라도 이상한 소리가 들리면 당장 알리라고 부하들에게 *신신당부했습니다.

*신신당부 거듭하여 간곡히 하는 당부.

그렇게 한참을 나아가는데 갑자기 안개가 몰려왔습니다. 맑고 깨끗하던 하늘은 어느 순간 해 질 녘처럼 어두컴컴해졌습니다. 노를 젓는 부하들이 술렁거렸습니다.

"앞을 봐라!"

에우리로코스가 외쳤습니다. 옆에서 집채만 한 파도가 밀려왔습니다.

"모두 노를 단단히 잡아라!"

오디세우스도 외쳤습니다. 하지만 배는 걷잡을 수 없이 높은 파도에 힘없이 휩쓸렸습니다.

가랑잎처럼 흔들리던 배는 어딘지 모를 곳으로 떠내려갔습니다.

부하들은 이를 악물고 노를 저었습니다. 그러나 배는 방향을 잃고 마구 휩쓸려 갔습니다.

"으악!"

곧 뒤집어질 듯하던 배가 어느 순간 제대로 섰습니다. 오디세우스는 정신을 차리고 주위를 둘러보았습니다.

수많은 바위섬이 배를 에워싸고 있었습니다. 이럴 때 무작정 빨리 나아가다가는 바위섬에 부딪혀 배가 부서질 수 있었습니다. 오디세우스는 부하들에게 노를 너무 빨리 젓지 말라고 지시하다가 어느 바위섬을 보고 깜짝 놀랐습니다.

"저, 저게 뭐지?"

온통 깃털로 뒤덮인 새의 몸에 아름다운 여인의 얼굴을 한 괴물이 이들을 지켜보고 있었습니다.

"세이렌이다!"

오디세우스와 눈이 마주치자 세이렌은 천천히 입을 열었습니다.

2
세이렌의 노래

'참으로 이상한 노래구나. 아주 신비롭고 아름다워.
지금 당장 저들과 같이 바다로 뛰어들어
영원히 이 노래를 듣고 싶구나!'
오디세우스의 몸이 저도 모르게 꿈틀거렸습니다.

오디세우스는 곧바로 부하들에게 외쳤습니다.
"모두 밀랍으로 귀를 막아라."

부하들은 말이 떨어지기 무섭게 저마다 귀를 막았습니다. 하지만 어이없게도 한 사람 몫의 밀랍이 부족했습니다. 에우리로코스가 오디세우스에게 밀랍을 건네며 말했습니다.

"제 밀랍으로 귀를 막으십시오."

그러나 오디세우스는 고개를 저었습니다.

"괜찮다. 내 몸을 *돛대에 묶어라."

"예? 돛대에요?"

*돛대 돛을 달기 위해 배 바닥에 세운 기둥.

“그래. 몸을 배에 묶으면 그들의 노래를 듣고도 *홀려서 뛰어내리지 못할 것이다.”

부하들은 밧줄을 가져와서 오디세우스를 돛대에 꽁꽁 묶었습니다.

*홀리다 무엇의 유혹에 빠져 정신을 차리지 못하다.

눈앞에 보이는 세이렌은 어느덧 수가 늘어났습니다. 은은하게 들리던 노랫소리도 점점 커졌습니다. 세이렌은 날개를 펴고 배로 날아왔습니다. 그러고는 노를 젓는 부하들의 귀에다 대고 노래를 불렀습니다. 그러나 모두 밀랍으로 귀를 막았기에 꼼짝하지 않았습니다.

오디세우스는 노랫소리를 듣지 않으려 애썼지만 뜻대로 되지 않았습니다.

'참으로 이상한 노래구나. 아주 신비롭고 아름다워. 지금 당장 저들과 같이 바다로 뛰어들어 영원히 이 노래를 듣고 싶구나!'

오디세우스의 몸이 저도 모르게 꿈틀거렸습니다. 하지만 돛대에 묶인 터라 더 이상 움직일 수 없었습니다. 다만 오디세우스의 눈빛은 어느 부하도 그때까지 본 적 없는 이상한 빛을 띠었습니다. 그야말로 무엇인가에 단단히 홀린 눈빛이었습니다.

오디세우스는 참지 못하고 외쳤습니다.

"나를 풀어라! 내 몸을 돛대에서 풀어라!"

하지만 부하들은 오디세우스의 목소리를 듣지 못하고 열심히 노만 저었습니다. 세이렌들은 날개를 퍼덕이며 계속 노래를 불렀습니다.

"어서 나를 풀어라. 명령이다. 감히 대장의 명령을 거스르느냐? 가만두지 않겠다."

마침내 부하 하나가 오디세우스의 몸짓을 알아보고 오디세우스에게 다가갔습니다. 밧줄을 풀어 줘야 하나 망설이는 얼굴이었습니다.

세이렌의 노래

〈오디세우스와 세이렌〉 허버트 제임스 드레이퍼

세이렌의 노래에 끌려가지 않으려고 돛대에 몸을 묶은 오디세우스의 모습이에요. 몸이 묶여서 그렇지, 앞으로 쭉 뻗은 자세가 금방이라도 세이렌에게 달려갈 것 같아요. 노랫소리에 홀려 두 눈도 이상한 빛을 띠며 이글거리고 있어요.

"안 돼, 밧줄을 풀지 말고 그냥 둬라!"

에우리로코스가 소리쳤습니다.

"에우리로코스, 어서 이 밧줄을 풀어라."

에우리로코스는 오디세우스에게 다가와서 부하를 밀어냈습니다. 오디세우스의 얼굴이 밝아졌습니다. 그러나 에우리로코스는 오디세우스의 명령과는 반대로 밧줄을 더 세게 조였습니다. 오디세우스는 소리를 질렀습니다.

"무슨 짓이냐? 어서 이 밧줄을 풀어라!"

에우리로코스도 지지 않고 외쳤습니다.

"죄송합니다. 지금은 명령을 따를 수가 없습니다."

그리고 부하들에게 어서 노를 저으라고 손짓했습니다.

"에우리로코스, 이놈! 당장 명령에 따라라! 밧줄을 풀어라!"

에우리로코스는 몸부림치는 오디세우스를 두고 아예 돌아섰습니다.

부하들은 멈추지 않고 열심히 노를 저었습니다. 배는 바위섬이 흩어져 있는 바다를 서서히 벗어났습니다. 세이렌도 더 이상 따라오지 않았고 노랫소리도 희미해졌습니다. 돛대에 묶인 오디세우스는 하도 힘을 쓴 나머지 축 늘어졌습니다.

에우리로코스는 세이렌이 보이지 않는 것을 확인하고 귀에서 슬쩍 밀랍을 뺐습니다. 이제 노랫소리는 전혀 들리지 않았습니다. 그는 부하들의 어깨를 두드려 밀랍을 빼라고 일렀습니다.

"휴, 살았다."

에우리로코스는 오디세우스를 묶은 밧줄을 풀었습니다.

오디세우스를 홀리지 못한 세이렌

오디세우스는 밀랍으로 선원들의 귀를 막고 자신의 몸을 배에 묶어 세이렌에게서 벗어날 수 있었어요. 뱃사람들을 노래로 홀려 잡아먹는 세이렌들은 오디세우스를 홀리지 못한 것을 분하게 여겨 바다에 몸을 던져 죽었다고도 해요. 이 세이렌은 나중에 반인반어의 인어 모습으로 여러 이야기에 다시 나옵니다. 세이렌은 '간사한 여성, 마녀, 목소리가 아름다운 여성'을 뜻하는 단어로 사용되고 있어요.

"죄송합니다. 대장님의 명령을 거스르고 제가 밧줄을 더 세게 묶었습니다."

에우리로코스는 무릎을 꿇었습니다. 오디세우스는 에우리로코스를 일으켜 세우며 말했습니다.

"무슨 소리인가? 자네 덕분에 죽지 않고 살아남았네. 고맙네. 앞으로도 내 곁에서 나를 지켜 주게."

그렇게 해서 오디세우스는 또 한 차례의 위기를 넘겼습니다. 하지만 고향으로 가는 길은 아직도 멀기만 했습니다.

3
바다 괴물 스킬라

괴물은 흉하게 생긴 머리가 여섯 개나 되고,

이빨은 세 줄씩 달렸습니다.

바로 키르케가 경고했던 괴물, 스킬라였습니다.

세이렌이 사는 바다를 무사히 지났지만 아직 마음을 놓을 수는 없었습니다. 키르케가 해 준 이야기 때문이었습니다.

"세이렌에게서 벗어나면 스킬라를 조심해야 해요. 스킬라는 머리가 여섯 개 달린 무서운 괴물이랍니다."

오디세우스는 그 말을 떠올리며 부하들에게 잘 살피라고 몇 번이나 당부했습니다.

그런데 갑작스럽게 *소용돌이가 일기 시작했습니다.

"자, 힘을 모아라. 이 소용돌이에서 빠져나가야 한다."

부하들은 온몸의 힘을 짜 내어 노를 저었습니다. 그러나 물살은 점점 더 거세졌고, 배는 뱅뱅 맴돌았습니다. 그때였습니다. 한 번도 본 적 없는 무시무시한 괴물이 바다에서 불쑥 솟아 나왔습니다.

*소용돌이 바닥이 팬 자리에서 물이 빙빙 돌면서 흐르는 현상. 또는 그런 곳.

스킬라와 키르케

〈키르케〉 존 윌리엄 워터하우스

스킬라는 원래 아름다운 님프였어요. 바다의 신 글라우코스는 스킬라를 사랑했지만 스킬라는 그의 마음을 받아 주지 않았어요. 글라우코스는 마녀 키르케를 찾아가 스킬라의 마음을 돌려 달라고 부탁했지요. 하지만 키르케는 글라우코스를 마음에 두고 있던 터라 질투가 났어요. 그래서 스킬라가 목욕하는 물에 독물을 부어 스킬라를 괴물로 만들었다고 해요.

괴물은 흉하게 생긴 머리가 여섯 개나 되고, 이빨은 세 줄씩 달렸습니다. 바로 키르케가 *경고했던 괴물, 스킬라였습니다. 스킬라는 노를 젓는 부하들 옆에 붙더니 징그러운 입을 크게 벌렸습니다.

*경고하다 조심하거나 삼가도록 미리 주의를 주다.

"내가 상대하마."

오디세우스는 칼을 휘두르며 나섰습니다. 눈 깜짝할 사이에 여섯이나 되는 부하가 스킬라의 입속으로 사라졌습니다. 오디세우스는 눈이 뒤집히는 것 같았습니다. 그때 에우리로코스가 오디세우스의 몸을 잡았습니다.

"대장님. 우린 지금 돌아가야 합니다."

"무슨 소리냐? 내 눈앞에서 부하들을 잃었다."

"스킬라에게 맞서다가는 우리 모두 죽습니다."

오디세우스는 분해서 몸을 부르르 떨었습니다.

스킬라는 여섯이나 되는 머리로 부하를 한 명씩 집어삼킨 뒤, 물속으로 들어갔다 나왔다 하며 또 공격하려고 했습니다.

오디세우스 일행은 죽을힘을 다해 노를 저었습니다. 배는 가까스로 소용돌이를 벗어났습니다.

스킬라가 사는 바다에서 멀어지자, 모두 지쳐서 쓰러졌습니다. 힘이 빠지고 배도 고팠습니다.

"마실 물도 다 떨어졌습니다."

이제 햇살이 뜨겁게 내리쬐었습니다. 몸은 땀과 짠 바닷물로 흠뻑 젖었습니다. 부하들은 말을 할 힘마저 잃었습니다.

'이러다가 태풍이라도 만나면 큰일인데.'

에우리로코스가 걱정하고 있는데 저만치 섬 하나가 보였습니다.

"대장님, 섬입니다. 쉬어 가면 어떨까요?"

오디세우스는 섬을 찬찬히 살펴보며 말했습니다.

"언덕에 소가 있는 것을 보니 저 섬은 트리나키 섬이다. 키르케가 말하기를 트리나키 섬에 사는 소는 *성스러운 짐승이니 절대로 손대서는 안 된다고 했어. 섬에 내렸다가 배고픈 부하들이 자칫 손이라도 대는 날에는 모조리 살아남을 수 없다."

***성스럽다** 함부로 가까이할 수 없을 만큼 고상하고 순결하다.

"하지만 부하들을 보십시오. 마실 물도 떨어지고 지칠 대로 지쳤습니다. 이대로 계속 가다가는 바다 위에서 죽고 말 것입니다."

오디세우스는 고민에 빠졌습니다. 소 때문에 신경이 쓰였지만, 지친 채로 그냥 나아갈 수도 없었습니다. 잠시 후 오디세우스는 결심한 듯 부하들에게 말했습니다.

"좋다. 섬에 내리기로 한다. 그러나 소는 결코 건드려서는 안 된다."

4
트리나키 섬의 소

"저 소에 손을 댔다간 큰일이 난다는 말도 못 들었나?"

"걱정은 나중이고, 먼저 배를 채워야 살지 않겠나?"

오디세우스 일행은 섬에 내렸습니다. 섬은 조용하고 평화로웠습니다. 언덕에 나무와 풀이 무성하게 자라고, 소와 양이 한가로이 풀을 뜯고 있었습니다. 따뜻한 햇살이 온 땅을 비추고 있었습니다.

'참으로 좋은 곳이군. 소 떼만 조심하면 머물러도 큰 탈은 없겠어.'

오디세우스와 부하들은 오랜만에 마음을 놓았습니다. 그들은 시원한 시냇물에 몸을 씻고, 싱싱한 나무 열매를 따 먹었습니다. 나무 그늘에 누워 낮잠도 잤습니다. 지금껏 만난 무서운 괴물들을 잊고, 달콤한 휴식 시간을 보냈습니다.

오디세우스는 배에서 내리기를 잘했다고 생각했습니다.

하지만 밤이 되자 날씨가 확 달라졌습니다. 바닷가에 세워 놓은 배가 뒤집힐 정도로 세찬 폭풍우가 몰아쳤습니다.

'음, 폭풍우가 거세군. 조금 잦아든 다음에 떠나야겠어.'

그러나 오디세우스의 생각과 달리 폭풍우는 좀처럼 잦아들지 않았습니다. 하루, 이틀이 지나고 사흘이 지났습니다. 모두 폭풍우가 그치고 맑은 하늘이 나타나기를 기다렸습니다. 하지만 무려 한 달 동안 폭풍우는 그치지 않았습니다.

키르케가 챙겨 준 이런저런 음식들도 바닥이 나고 말았습니다.

부하들은 새총을 쏘아 새를 잡고, 폭풍우를 뚫고 바다에 나가 물고기도 잡았습니다. 그렇게 새와 물고기를 구워 먹으며 며칠을 버텼습니다. 하지만 곧 새들도 보이지 않았고, 파도가 더욱 거세져 물고기를 잡으려면 목숨을 걸어야 했습니다.

"이제 어쩌지요?"

에우리로코스가 걱정스레 물었습니다.

"우리 다시 한 번 바다를 살펴보고 오세. 파도를 헤치고 나갈 수 있으면 나가야겠어."

오디세우스는 에우리로코스와 함께 바닷가로 갔습니다.

오디세우스가 자리를 비운 사이에 부하들은 서로 이야기를 주고받았습니다.

"아이고, 배고파. 눈앞에 소 떼를 두고도 굶어 죽게 생겼구나."

"저 소에 손을 댔다간 큰일이 난다는 말도 못 들었나?"

"걱정은 나중이고, 먼저 배를 채워야 살지 않겠나?"

부하들은 결국 배고픔을 참지 못하고 소 한 마리를 잡았습니다. 부하들은 고기를 실컷 먹고 나자 비로소 걱정이 되었습니다.

"아무래도 걱정되는군."

"이렇게 하면 어떨까? 소 한 마리를 더 잡아 제사를 지내는 거야."

“그래, 그게 좋겠군.”

부하들은 소를 한 마리 더 잡아 죽은 소의 넋을 위로하는 제사를 지냈습니다. 그러고는 남은 고기를 불에 구웠습니다.

바다를 살피고 돌아오던 오디세우스와 에우리로코스는 피어오르는 연기를 보고 깜짝 놀랐습니다.

"저 연기는 뭐지? 혹시 부하들이?"

두 사람은 헐레벌떡 달려왔습니다. 아니나 다를까 부하들은 둥그렇게 앉아 고기를 뜯고 있었습니다.

"이게 무슨 짓들이냐?"

"대장님. 괜찮을 겁니다. 제사도 지냈으니까요."

하지만 그 말이 끝나기도 전에 이상한 일이 일어났습니다.

바닥에 떨어져 있던 고기 조각이 마치 뱀이라도 된 것처럼 기어 다니기 시작했습니다. 꼬챙이에 끼운 고깃덩어리에서는 무시무시한 비명 소리 같은 것이 났습니다. 그리고 검은 연기가 피어나 부하들을 향해 달려들었습니다.

오디세우스가 외쳤습니다.

"어서 배에 타자. 더 있다가는 끔찍한 일을 당할 것이다."

하늘이 밤처럼 컴컴해졌습니다. 번개가 치고, 천둥이 우르릉 쾅쾅 울렸습니다. 오디세우스와 부하들은 있는 힘을 다해 뛰어서 배에 올라탔습니다.

"자, 노를 저어라!"

모두 팔뚝에 굵은 힘줄이 솟도록 힘차게 노를 저었습니다. 배가 우지끈 소리를 내며 움직였습니다. 하지만 배는 더 앞으로 나아가지 못하고 제자리에서 빙글빙글 돌기만 했습니다.

그때 하늘에서 벼락이 내리쳤습니다. 그 바람에 돛대가 부러지고 부하들이 쓰러진 돛대 밑에 깔렸습니다.

"으아악!"

오디세우스는 부하들을 구하러 가다가 휘청했습니다. 미친 듯이 바람이 불고 거센 비가 쏟아졌습니다. 배가 요동치는 순간, 오디세우스와 부하들은 바다에 빠지고 말았습니다.

태양의 신 헬리오스가 키운 소

오디세우스 일행이 머문 이 섬은 태양의 신 헬리오스가 소를 키우던 섬이에요. 헬리오스가 키우던 소들은 털이 눈부시게 희고, 황금 뿔이 났으며, 헬리오스의 딸들인 헬리아데스들이 돌보았다고 해요. 오디세우스의 부하들이 소를 잡아먹자 헬리오스는 무척 화가 났어요. 그래서 제우스에게 오디세우스를 벌주지 않으면 땅속에서 나오지 않겠다고 협박했어요. 태양의 신 헬리오스가 땅속에서 나오지 않으면 세상에 해가 뜨지 않아 큰일이 나지요. 그래서 제우스는 고기를 먹은 사람들에게 번개를 내렸어요.

오디세우스는 헤엄을 치려고 허우적거렸지만 점점 힘이 빠졌습니다. 막 바닷속으로 빨려 들어가려는 순간, 눈앞에 돛대가 떠내려왔습니다. 오디세우스는 돛대를 붙잡으며 겨우 물 위로 머리를 내밀었습니다.

눈앞에 허우적거리는 에우리로코스가 보였습니다.

“에우리로코스, 내 손을 잡게!”

오디세우스는 에우리로코스 쪽으로 헤엄치며 팔을 뻗었습니다.

"대장님!"

에우리로코스도 오디세우스를 붙잡으려 *안간힘을 썼습니다.

그러나 회오리는 무서운 힘으로 에우리로코스를 빨아들였습니다.

"안 돼, 안 돼! 에우리로코스!"

오디세우스가 간절히 불렀지만 에우리로코스는 물살에 휩쓸려 사라지고 말았습니다.

*안간힘 어떤 일을 이루기 위해서 몹시 애쓰는 힘.

배도 부서져 산산조각이 났습니다. 오디세우스는 돛대를 움켜쥔 채 울부짖었습니다.

출렁거리는 바다 위에는 부하들이 죽을힘을 다해 허우적거리고 있었습니다. 오디세우스는 물속에서 발만 동동 구를 뿐이었습니다. 오디세우스의 눈앞에서 몇 명의 부하들이 물속으로 사라져 갔습니다.

그때 바람결에 부서진 배 조각이 날아와 오디세우스의 이마를 때렸습니다. 오디세우스는 그대로 정신을 잃고 말았습니다.

5
홀로 돌아온 오디세우스

'아아, 내 부하들! 전쟁을 함께하며 고생했던 동료들,
고향으로 돌아가자고 힘을 합쳤던 부하들!'
오디세우스는 슬픔에 사로잡혀 울부짖었습니다.

"이대로 오디세우스를 죽게 할 수는 없어!"
올림포스에서는 오디세우스를 두고 한바탕 소란이 일어났습니다. 아테나가 나서서 오디세우스를 구해 주기로 했습니다.

바다 위를 떠돌던 오디세우스는 아테나 여신의 도움으로 간신히 바닷가로 밀려 왔습니다. 오디세우스는 얼마 뒤 정신이 들었지만, 엎드린 채

꼼짝도 하지 못했습니다.

‘여기가 어디지? 에우리로코스와 내 부하들은 어디 있지?’

그 순간 폭풍우에 휘말렸던 기억이 떠올랐습니다.

‘아아, 내 부하들! 전쟁을 함께하며 고생했던 동료들, 고향으로 돌아가자고 힘을 합쳤던 부하들!’

오디세우스는 슬픔에 사로잡혀 울부짖었습니다. 부하들을 모두 잃고 혼자만 남았다는 사실에 몹시 괴로웠습니다.

잠시 후 오디세우스는 바다를 등지고 걸어갔습니다. 곧 사람 사는 마을이 나타났습니다. 풍경이 조금씩 눈에 익었습니다. 오디세우스는 고향 이타케로 돌아왔음을 깨달았습니다. 오디세우스는 길 가는 사람을 붙잡고 다짜고짜 물었습니다.

"요즘 나라 상황은 어떻습니까? 왕비는 잘 지내십니까?"

그 사람은 그것도 모르냐는 얼굴로 입을 열었습니다.

"오디세우스 왕이 트로이로 떠난 게 벌써 이십 년이 넘었소. 전쟁이 끝난 지도 한참 됐지."

그는 오디세우스의 다 떨어진 옷을 훑어보며 말을 이었습니다.

“왕이 돌아오지 않자 사방에서 귀족들이 몰려와서 왕비님을 귀찮게 한다오. 왕비님과 결혼해서 이 나라를 차지하겠다는 속셈이지. 그런데 당신은 누구요?”

신화 OLYMPUS GUARDIAN 뒷이야기

오디세우스는 트로이 전쟁에서 많은 공을 세웠습니다. 아킬레우스를 설득해 트로이 전쟁에 데려간 것도 오디세우스였으며, 장군들 사이에 다툼이 벌어졌을 때 말리고 나선 것도 오디세우스였습니다. 트로이 전쟁을 끝맺을 수 있었던 목마를 생각해 낸 것도 바로 오디세우스였습니다.

하지만 전쟁을 승리로 이끈 오디세우스를 기다리고 있는 것은 십 년간의 방황이었습니다. 트로이는 지금의 터키 지역입니다. 오늘날 터키에서 그리스로 가려면 하루면 충분합니다. 그런데 오디세우스는 트로이에서 고향인 이타케로 돌아가기까지 십 년이나 걸렸습니다.

오디세우스가 고향으로 돌아가는 길은 단순히 트로이에서 이타케로 가는 것이 아니었습니다. 오디세우스가 방문한 곳들은 현실에는 없는 곳입니다. 실제로 바다 위에 사람과 짐승이 합쳐진 괴물이나 마녀가 사는 곳은 없으니까요.

그러므로 이 모험은 오디세우스의 마음의 방황이며, 신화적인 방황이라고 볼 수 있습니다. 즉 집으로 가고 싶은 마음과 머나먼 모험의 장소를 떠돌고 싶은 마음이 충돌해서, 이처럼 기나긴 여정을 만들어 낸 것입니다.

오디세우스의 모험은 우리 책에 소개된 것들보다 훨씬 다양하게 전해집니다. 거인 폴리페모스에게 먹인 포도주를 마론에게서 얻는 이야기도 있고, 아이올로스가 바람이 잔뜩 든 주머니를 건네주는 이야기도 있습니다. 또 칼립소의 섬에서 오랜 시간 동안 머물면서 아들을 하나 낳았다는 이야기도 전해지지요.

오디세우스의 모험은 이렇게 풍성하게 더해져, 유럽 여러 나라에 전해져 왔답니다.

올림포스 신들의 계보

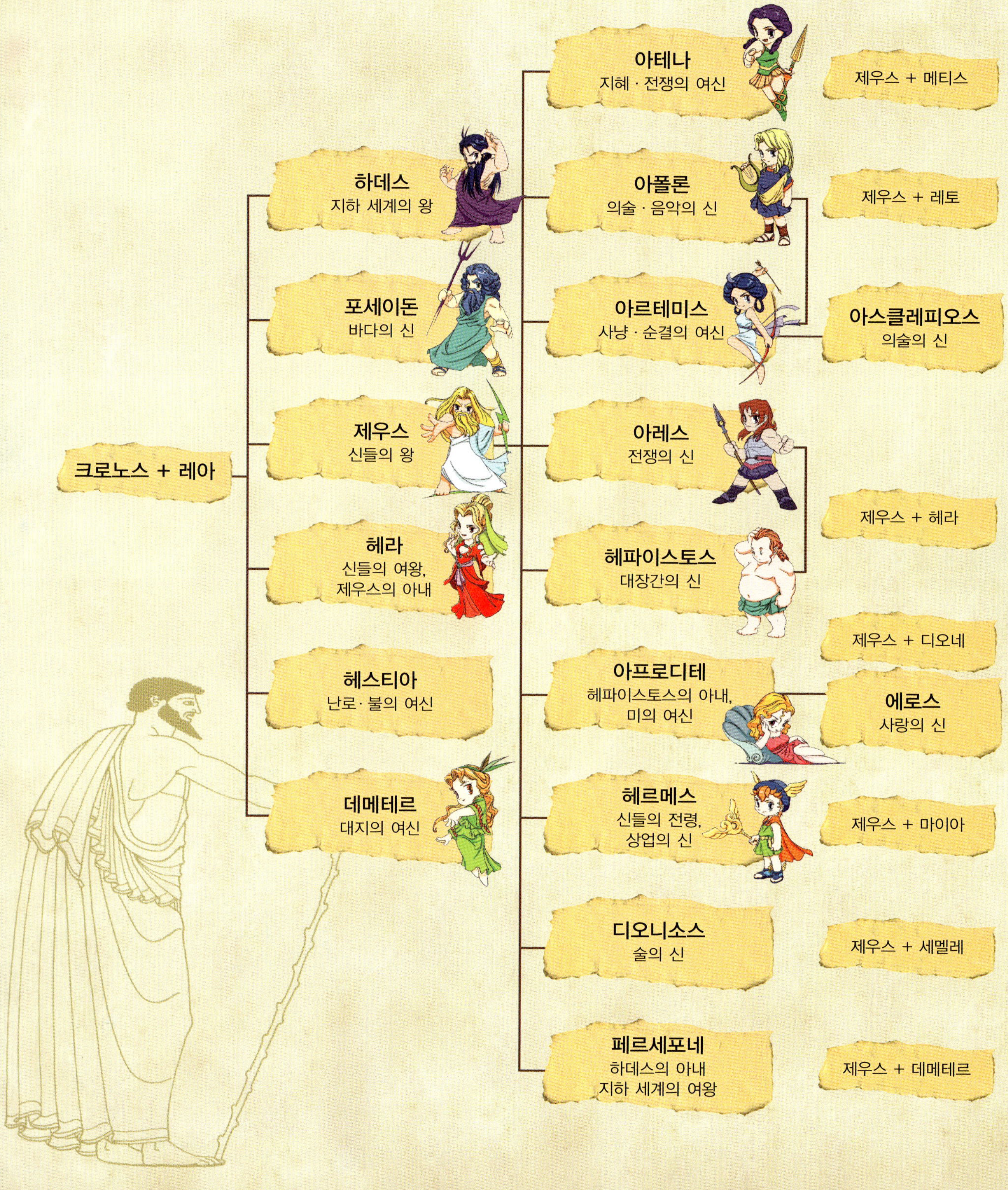
크로노스 + 레아
하데스
지하 세계의 왕
포세이돈
바다의 신
제우스
신들의 왕
헤라
신들의 여왕,
제우스의 아내
헤스티아
난로 · 불의 여신
데메테르
대지의 여신
아테나
지혜 · 전쟁의 여신
제우스 + 메티스
아폴론
의술 · 음악의 신
제우스 + 레토
아르테미스
사냥 · 순결의 여신
아스클레피오스
의술의 신
아레스
전쟁의 신
제우스 + 헤라
헤파이스토스
대장간의 신
제우스 + 디오네
아프로디테
헤파이스토스의 아내,
미의 여신
에로스
사랑의 신
헤르메스
신들의 전령,
상업의 신
제우스 + 마이아
디오니소스
술의 신
제우스 + 세멜레
페르세포네
하데스의 아내
지하 세계의 여왕
제우스 + 데메테르

⚜ 그리스 로마 신화 주요 인물의 이름 ⚜

그리스 어	로마 어	영어
가이아	텔루스	
니케	빅토리아	나이키, 빅토리
데메테르	케레스	세레스
디오니소스	바쿠스	바커스
레아	키벨레	시벨레
아레스	마르스	마스
아르테미스	디아나	다이애나
아테나	아테네, 미네르바	
아폴론	아폴로	아폴로
아프로디테	베누스	비너스
에로스	쿠피드, 아모르	큐피드
오디세우스	울릭세스	율리시스
우라노스	카일루스	유러너스
제우스	유피테르	주피터
크로노스	사투르누스	새턴
페르세포네	프로세르피나	
포세이돈	넵투누스	넵튠
하데스	플루톤	플루토
헤라	유노	주노
헤라클레스	헤르쿨레스	허큘리스
헤르메스	메르쿠리우스	머큐리
헤스티아	베스타	
헤파이스토스	불카누스	벌컨

그리스 로마 신화 올림포스 가디언 59

홀로 남은 오디세우스

펴낸이 양원석
펴낸곳 (주)알에이치코리아
등록 2004년 1월 15일 제2-3726호
주소 서울특별시 금천구 가산디지털2로 53, 20층 (한라시그마밸리)
문의전화 02)6443-8800

ISBN 978-89-255-4367-3(74800)
ISBN 978-89-255-4354-3(세트)

값 **12,800원**

원작 만화로 보는 그리스 로마 신화(가나출판사)
이광진 엮음, 홍은영 그림
명화 구입처 유로크레온(주)